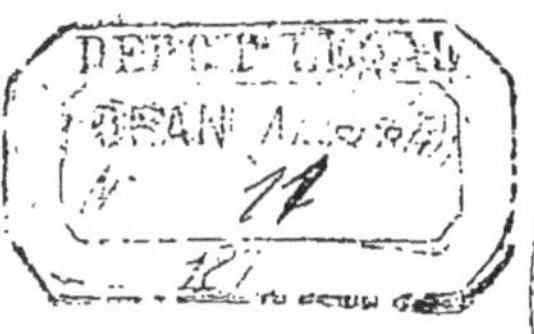

COMBAT

DE

SIDI-BRAHIM

HÉROÏSME — SACRIFICE

MONUMENT DUTERTRE

AVEC

PRÉFACE ET NOTES HISTORIQUES ET BIOGRAPHIQUES

PAR

L.-E. COURSERANT

DE

MOSTAGANEM

NOTAIRE HONORAIRE

MEMBRE DE LA SOCIÉTÉ D'ASTRONOMIE

MOSTAGANEM. — IMPRIMERIE DE L'ASSOCIATION OUVRIÈRE, E. PRIM & J. MARTINEZ

AVRIL 1890

AVANT-PROPOS

L'auteur, en écrivant cette petite brochure, a cherché simplement à venir en aide à la souscription du monument Dutertre, et à vulgariser l'un des plus admirables faits d'armes de nos annales militaires.

Il a pensé avec raison que, parmi ceux qui ont connu ce combat mémorable, plusieurs ont pu l'oublier au milieu du tracas des affaires ; et que, parmi nos jeunes gens, beaucoup d'entr'eux n'ont jamais eu l'occasion d'en entendre le récit.

Or, au moment où il est question de perpétuer à jamais un si grand souvenir, il n'est plus permis à qui que ce soit de la province d'Oran d'ignorer ce drame glorieux, où 400 hommes de l'Armée Française ont mieux aimé mourir que de se rendre.

Ce petit livre vient donc bien à propos, et l'on peut sans trop de présomption lui prédire un grand et légitime succès.

Si, dans une préface, remarquable à tous les points de vue, l'auteur, entraîné par son amour pour l'Algérie, a signalé dans quelques lignes éloquentes, inspirées, et, selon nous, pleines de raison et de patriotisme, les fautes déjà commises, les écueils à éviter et les moyens à suivre pour assurer à la France une suprématie marquée dans les conflits de l'avenir, il n'a fait qu'effleurer ce sujet complexe, se réservant sans doute de lui consacrer plus tard toute l'attention qu'il mérite.

En attendant, il ne recherche pour son œuvre que l'approbation de notre vaillante jeunesse à laquelle il l'a dédiée ; et nous savons que sa satisfaction serait complète si les pères de famille lui faisaient l'honneur de mettre sa petite brochure entre les mains de leurs enfants, ce que nous souhaitons, car elle en est digne à tous égards.

H. M. D.

PRÉFACE DE L'AUTEUR

A notre vaillante jeunesse, militaire et civile

Nous dédions cette petite brochure à notre vaillante jeunesse, militaire et civile.

C'est en elle que réside l'espoir de la France ; — c'est elle qui sera la première au danger, lorsque viendra le jour de la lutte suprême contre notre implacable vainqueur ; — c'est donc pour elle qu'il convient d'évoquer les glorieux souvenirs, et de rappeler les nobles exemples de ceux qui sont morts bravement pour la patrie.

Certes, les annales militaires de la France abondent en merveilleux faits d'armes, mais il serait peut-être difficile d'en trouver un autre qui réunisse à la fois, comme celui de Sidi-Brahim, deux des plus beaux sentiments qui honorent l'humanité : « l'*Héroïsme* et le *Sacrifice* ».

On a eu le tort de trop laisser dans l'ombre, pendant une longue suite d'années, les épisodes remarquables qui ont signalé la conquête de l'Algérie.

On pourrait croire qu'ils ont été effacés par le prestige des grandes guerres et des vastes champs de bataille de Crimée et d'Italie ; — et pourtant quelle différence dans les résultats obtenus !

La campagne de Crimée, — quelque brillante qu'elle ait été pour nos armes, — n'a fait que nous aliéner les sympathies d'un peuple chevaleresque, qui eût été heureux de fraterniser avec nous.

Quant à celle d'Italie, elle a créé à nos côtés une nation rivale, ardente, ambitieuse, impatiente de secouer le fardeau trop lourd de la reconnaissance, et de prêter la main à notre ennemi séculaire pour l'aider à nous anéantir…. — Tant il est vrai que l'*ingratitude* est devenue la *lèpre morale* de notre époque !.....

Tout autres ont été les résultats de nos combats dans le Nord de l'Afrique.

Moins éblouissants, mais plus utiles, ils nous ont valu une magnifique contrée, qui ne demande qu'à se développer et à grandir sous les efforts puissants de nos infatigables colons.

Ah ! qui parviendra à dessiller les yeux de la France, au sujet de l'Algérie, qu'elle ne connait pas encore, après soixante ans d'occupation !

Qui parviendra à lui faire toucher du doigt les éléments de vie et de puissance qu'elle trouverait dans ce pays !

Qui parviendra à lui faire comprendre que son *mouvement d'expansion* doit se produire en Afrique, et non dans ces pays lointains qu'elle a pu conquérir, mais qu'elle ne pourra pas conserver.

Nous avons perdu la plus grande partie de nos établissements dans l'Inde, malgré le génie de Dupleix ; — nous avons perdu le Canada, malgré les efforts héroïques du général Montcalm ; — nous avons vendu la Louisiane parce que nous étions dans l'impossibilité de la défendre...

Eh bien ! Que ces enseignements de l'histoire ouvrent enfin nos yeux à la lumière !

Arrêtons-nous sur la pente fatale où nous semblons vouloir nous engager ; — cessons d'user nos forces et de dépenser nos millions dans des entreprises d'aventures et de hasards, et concentrons tous nos efforts sur le point lumineux qui nous ouvre à deux battants les portes d'un horizon resplendissant, et met à *notre dispotion* la puissance, la gloire et la richesse.

Ce point, c'est l'Algérie !..... l'Algérie qui n'est qu'à *trente heures* de la France, et qui réalisera un jour toutes ces espérances, si nous sommes assez clairvoyants et assez résolus pour exécuter, dans son entier, le programme que voici :

« Fortifier ses côtes et créer un ou deux ports militaires » en vue de la défense ;

» Détourner à son profit le courant de l'émigration » française, et la coloniser dans toutes ses parties » colonisables ;

» Mettre ses meilleures terres en culture, exploiter ses » mines, livrer ses forêts à l'industrie ;

» Construire des barrages, des canaux, des chemins » de fer de pénétration ;

» La relier à Tombouctou, la ville mystérieuse, et » relier Tombouctou à Saint-Louis du Sénégal ;

» Pénétrer, au moyen de ces deux routes, jusqu'au » centre du continent africain, — *objet des convoitises de*

» *l'Europe entière*, — et introduire la civilisation dans
» ces immenses régions jusqu'à présent inconnues ;

   » Utiliser les productions et les richesses que ces
» régions renferment dans l'intérêt de l'humanité ; — nous
» attacher les divers peuples qui les habitent par les liens
» du commerce et des services réciproques, et en former
» une fédération redoutable sous le patronage tutélaire de
» la France...... n'y a-t-il pas là, inconscients que nous
» sommes, un champ assez vaste et assez rempli de
» promesses, pour satisfaire toute l'activité, toutes les
» aspirations d'un grand peuple !.... »

   . . . .

   Mais rentrons dans notre cadre ; — laissons à d'autres
le soin de traiter d'aussi hautes questions : et, pour le
moment, bornons-nous à dire que la conquête de l'Algérie
fait partie du patrimoine de gloire de notre brave armée,
et que nous devons glorifier les belles actions des héros,
qui, au prix de leur vie, nous ont assuré la possession
tranquille de cette riche contrée.

   Il y a de l'antique, il y a du grandiose, il y a du sublime
dans cette guerre africaine ; le fait d'armes de Sidi-Brahim
en est un épisode des plus dramatiques et des plns
émouvants, et nous allons en faire le récit dans toute sa
simplicité, comme aussi dans toute sa grandeur.

L.-E. COURSERANT

Mostaganem. Avril 1890.

COMBAT DE SIDI-BRAHIM

Héroïsme ! — Sacrifice !

Dulce et decorum est
pro patriâ mori.

Dans les derniers mois de l'année 1845, la province d'Oran était en pleine insurrection.

. Le 4 septembre, le Maréchal Bugeaud, Gouverneur général de l'Algérie, s'était embarqué pour France, et, quelques jours après son départ, une révolte formidable avait éclaté presqu'en même temps dans le Dahra et chez les Flittas, et s'était répandue comme une traînée de poudre jusqu'aux frontières du Maroc.

Dans ce soulèvement général, Abd-el-Kader s'était montré à la tête de 5 ou 6,000 cavaliers dans les environs de la tribu des Souhalias, qui relevait du commandement de Nemours. (Djemma-Ghazaouet)

Le lieutenant-colonel de Montaganac, du 15ᵉ Léger, commandait la petite garnison de cette place. — C'était un homme jeune encore, de grand courage et de grand talent, et qu'on signalait déjà comme devant atteindre les plus hauts grades de l'armée.

Notons en passant qu'on lui attribuait à cette époque l'intention bien arrêtée de s'emparer de l'Emir, et qu'on citait même de lui ces paroles hardies, plusieurs fois exprimées : « il faut que je prenne Abd el-Hader mort « ou vif, ou que je me fasse tuer ! »

Il est bon de retenir ces paroles, car elles seules, peut-être, pourront nous donner l'explication du drame sanglant qui va bientôt se dérouler sous nos yeux.

Abd-el-Kader en avait-il connaissance et avait-il, à son tour, projeté de faire tomber le colonel de Montagnac dans un piége habilement tendu ? — C'est ce qu'il es permis de supposer, sinon d'affirmer.

Toujours est-il que le 22 septembre 1845, un Caïd de la tribu des Souhalias se présentait devant le colonel de Montagnac, et lui donnait avis que l'Emir s'apprêtait à traverser le territoire des Souhalias pour entrer dans celui des Traras qui s'étaient prononcés en sa faveur.

Il lui demandait aide et protection pour lez siens, en l'assurant de leur fidélité inébranlable.

Interrogé par le colonel sur les forces réelles de l'ennemi, le caïd ne put ou ne voulut donner que des renseignements incertains ; mais de Montagnac, craignant de perdre une occasion, qu'il croyait favorable, de mettre son projet à exécution, c'est-à-dire de prendre Abd-el-Kader ; et, certain d'ailleurs du courage et de la solidité de ses troupes, forma de suite une petite colonne et se mit en marche à la nuit close, c'est-à-dire entre neuf et dix heures du soir.

Il emmenait avec lui 350 hommes du 8e bataillon des Chasseurs d'Orléans et 60 cavaliers du 2e Hussards.

Les premiers étaient sous les ordres du commandant Froment-Coste, et les hussards étaient conduits par le chef d'escadrons Courby de Cognord.

Cette poignée de braves, partageant l'ardeur de son chef, se mit en marche avec un entrain admirable et arrivait avant le point du jour sur l'Oued Saouli, où ce dernier l'érablit dans une forte position.

La prudence conseillait au colonel de Montagnac d'attendre le jour, dans cette position, qui le mettait à l'abri de toute surprise et de toute éventualité, mais la trahison veillait et elle devait avant peu l'entraîner à sa perte et à celle de ses compagnons d'armes.

Bientôt, en effet, des renseignements nouveaux fournis par des espions infidèles le décidèrent à s'avancer jusqu'au ruisseau de Sidi-Brahim.

Arrivé à ce point, il réfléchit un instant. — Les renseignements parvenus lui faisaient savoir qu'Abd-el-Kader campait non loin de là, qu'il avait avec lui fort peu de monde, et qu'il serait facile de le surprendre et de s'emparer de sa personne.

Aussi, les réflexions du colonel ne furent pas de longue durée. Attiré d'un côté par l'espoir qu'on faisait miroiter à ses yeux, et de l'autre, entraîné par son bouillant courage, il confia la garde des bagages au commandant Froment-Coste, et il se porta en avant avec trois compagnies de chasseurs, et les 60 hussards placés sous les ordres du commandant Courby de Cognord.

La terrible journée du 23 septembre était sur le point de commencer, et le soleil, qui déjà apparaissait radieux à l'extrémité de l'horizon, allait éclairer un de ces combats surhumains, dont une nation a le droit d'être fière, mais dont elle a aussi le devoir de *perpétuer le souvenir*.

* *

Après une marche d'une heure environ, on aperçut un certain nombre de cavaliers arabes, qui semblaient venir à la rencontre de la colonne et vouloir engager le combat.

Sans perdre un instant, de Montagnac lance contr'eux les deux premiers pelotons de hussards, qui partent avec un élan admirable et se ruent impétueusement sur leurs adversaires.

La charge bien conduite va produire son effet, quand tout-à-coup nos hussards sont assaillis par une masse énorme de cavalerie, qui sort à l'improviste d'un défilé que des plis de terrain dérobaient aux regards.

Abd-el-Kader la commandait en personne.

Le choc fut terrible, et dans cette première mêlée, le commandant Courby de Cognord fut désarçonné et blessé et le capitaine Gentil-Saint-Alphonse eût la tête brisée d'un coup de feu.

Quant aux hussards, quelques-uns à peine parvinrent à se replier sur le gros de la colonne.

A cette vue, le colonel comprend tout : ses espions l'ont trahi et il est tombé dans une embuscade. Il faut payer d'audace et sortir de là coûte que coûte.

Avec une décision aussi prompte que la pensée, il s'élance avec ce qui lui restait de troupes, rallie les hussards échappés au carnage et aborde bravement l'ennemi. Mais pressé et entouré par des forces plus de 10 fois supérieures en nombre, c'est en vain qu'il lutte avec la plus grande énergie. — Il ne peut rompre le cercle de fer et de feu qui l'étreint de toutes parts ; — ses hommes tombent autour de lui, et il est lui-même blessé mortellement.

Alors, se voyant perdu et voulant avant d'expirer faire tous ses efforts pour mettre ses soldats en mesure de résister, il ordonne de former le carré et fait partir le maréchal-des-logis Barbier pour aller prévenir le commandant Froment-Coste, qui, ainsi qu'on l'a vu plus haut, avait été commis à la garde des bagages.

Ces dispositions prises, le courageux Montagnac, se sentant mourir, trouve encore assez de force pour dire à ses soldats :

« Enfants, ne songez plus à moi !... Mon affaire est « réglée !... Défendez-vous jusqu'au bout ! »

Ce furent les dernières paroles de ce chef héroïque, dont la mort fut semblable à celle du Consul romain

Marcellus, qui succomba dans une embuscade dressée par Annibal.

*
* *

Cependant le carré formé des chasseurs d'Orléans et des débris du 2e Hussards, enthousiasmé par la fin glorieuse du colonel de Montagnac, opposait une résistance opiniâtre. — Pendant 3 heures, il soutint comme un roc les assauts répétés des 6,000 cavaliers d'Abd-el-Kader. — Officiers et soldats tombent l'un après l'autre; les cartouches s'épuisent; il ne reste plus que la baïonnette pour la défense; la mort est inévitable, mais personne ne songe à se rendre...

Pendant qu'avait lieu cette lutte effroyable, le commandant Froment-Coste, averti par le maréchal-des-logis Barbier du désastre survenu à la colonne, était accouru avec une compagnie de chasseurs au secours de ses compagnons d'armes, impatient de les sauver ou de partager leur sort.

Hélas! A peine arrivé sur le terrain du combat, il est renversé par les premières décharges ennemies, et, en peu d'instants, tous ses hommes périssent autour de son cadavre, ou tombent grièvement blessés.

Parmi ces derniers, se trouvait le capitaine Dutertre, qui, atteint de 3 coups de feu, fut enlevé par les cavaliers d'Abd-el-Kader....

. . . .

*
* *

Après ce massacre, il ne restait plus de la petite colonne, partie la veille au soir de Nemours, que 82 carabiniers, qui formaient la compagnie d'élite du 8e bataillon des Chasseurs d'Orléans.

Ils étaient commandés par le capitaine de Géraux, homme ferme et résolu, qui envisageant avec sang-froid la situation difficile où il se trouvait, sut prendre sans hésitation un parti décisif.

Il avait aperçu à une certaine distance le marabout de Sidi-Brahim situé sur une éminence qui dominait le terrain environnant. — Gagner ce marabout, pénétrer dans la cour formée par le mur d'enceinte et s'y retrancher, c'était fournir à ses hommes le moyen de résister provisoirement à cette multitude d'arabes, et d'attendre qu'une des colonnes expéditionnaires qui parcouraient le pays, pût venir à leur secours.

Ces réflexions faites, il ordonna à sa petite troupe de se diriger vers le marabout de Sidi-Brahim que l'on parvint à atteindre entre 10 et 11 heures du matin. — On pénétra dans la cour qui était entourée d'un mur à hauteur d'homme et chacun se prépara à vendre chèrement sa vie.

Les arabes avaient aperçu trop tard ce mouvement hardi du capitaine de Géraux. — Furieux de voir cette poignée d'hommes se dérober à leurs coups, ils se précipitèrent en foule vers le marabout, l'entourèrent de toutes parts et se livrèrent à une fusillade effrénée.

C'est à ce moment qu'on vit s'accomplir un trait d'audace tellement inouïe qu'on se demande si l'impossible existe pour les hommes qu'enflamme l'amour de la patrie.

Le capitaine de Géraux fait appel à un homme de bonne volonté pour hisser le drapeau de la France sur le sommet du marabout. — Le caporal Lavaissière se présente aussitôt ; il grimpe résolùment sur le marabout, au milieu d'une grêle de balles, et il fixe près du dôme la ceinture rouge du lieutenant Chappedeleine et un mouchoir bleu qui lui appartenait. — Le blanc du dôme complétait les trois couleurs.

Fier de son succès, le caporal Lavaissière, au lieu d'abandonner son poste périlleux, se dresse de toute sa hauteur, regarde l'ennemi en face pendant quelques instants, et descend du marabout avec la tranquillité et la lenteur qui distinguent les héros d'Homère dans les plus grands dangers. — Ses compagnons l'accueillent par des bravos frénétiques, et les arabes, de leur côté, poussent des cris épouvantables.

La fusillade continue plus intense, plus furieuse ; mais nos soldats protégés par le mur d'enceinte n'ont qu'un ou deux blessés, tandis qu'ils jonchent le sol de cadavres ennemis.

Abd-el-Kader, voyant l'inutilité de son attaque, ordonne à ses troupes de se retirer et de camper hors de la portée des balles.

*
* *

Pendant quelque temps il reste plongé dans une méditation profonde. — En conduisant ses hommes au combat, il leur avait promis d'exterminer la colonne Montagnac ; mais combien son prestige serait plus grand, s'il parvenait à faire prisonniers, dans toute la vigueur de leur jeunesse, les survivants de cette petite colonne ; à les traîner à sa suite de tribu en tribu, et à les exposer à chaque instant du jour aux injures de ses guerriers et aux avanies des femmes et des enfants.

S'arrêtant sans doute à cette dernière pensée, il ordonne tout-à-coup qu'on aille chercher le capitaine blessé et qu'on l'amène devant lui.

Le capitaine ainsi désigné, c'était le brave Dutertre.

Il arrive, pâli par la perte de son sang, mais dans l'attitude calme et digne de l'officier qui se rend à la parade, et il attend qu'on lui adresse la parole.

L'Emir, après l'avoir contemplé un instant, lui fait dire par son interprète : « va trouver les soldats Français « réfugiés dans le marabout; engage les à se rendre et « leur vie sera respectée. Mais s'ils continuent à résister, « toutes les têtes tomberont et la tienne tombera la pre-« mière . »

En entendant une pareille proposition, faite à un officier Français, le capitaine Dutertre sentit son cœur battre d'indignation, mais une réflexion subite, ayant sans doute traversé son esprit, il se mit à sourire et répondit simplement :

« C'est bien ; je suis prêt à marcher ! »

Et, aussitôt, dans l'espace resté vide entre le marabout et la ligne circulaire du campement arabe, on vit s'avancer gravement le capitaine Dutertre, placé entre deux chaouchs, ayant chacun un yatagan nu à la main.

En le voyant se diriger vers eux, le capitaine de Géraux et ses hommes, attirés par une curiosité ardente, se portèrent devant leur mur d'enceinte et s'apprêtèrent à écouter dans le plus profond silence.

Qu'allait dire le capitaine Dutertre ? — Qu'allait-il se passer ?

Celui - ci avançait toujours vers ses compagnons d'armes, et arrivé à une trentaine de pas du marabout, il s'arrête, et au milieu d'un recueillement solennel, d'une voix retentissante, il s'écrie :

« Camarades ! Ecoutez bien mes paroles !

« L'Emir m'envoie vers vous pour vous engager à « mettre bas les armes, vous promettant la vie sauve ; et, « si vous ne vous rendez pas, je serai décapité.

« Et moi, je vous dis au contraire : Défendez-vous « jusqu'au dernier. — Mourez tous s'il le faut, mais ne « vous rendez pas !

« Vive la France ! »

« Vive la France ! répondent en chœur les braves Chasseurs d'Orléans, au comble de l'enthousiasme, et le capitaine Dutertre , sans ostentation comme sans faiblesse, et toujours escorté de ses deux gardiens, revient tranquillement au camp d'Abd-el-Kader.

— « Qu'as-tu obtenu, lui demande ce dernier ?

— « Qu'ils mourraient tous plutôt que de se rendre, « et c'est moi qui leur ai donné ce conseil, répond le « capitaine Dutertre, en le regardant avec une majes- « tueuse fierté.

— « Eh bien ! Toi aussi tu vas mourir ! » ajoute Abd-el-Kader, et en prononçant ces mots, il fait un signe à ses chaouchs qui s'emparent du capitaine Dutertre et font rouler sa tête d'un coup de yatagan...

C'est ainsi que succomba cette glorieuse victime. — C'est ainsi que mourut ce noble martyr du devoir et de l'honneur !...

Inclinons-nous avec une respectueuse admiration devant ce dévouement sublime, qui rappelle le dévoue-ment de Régulus, et celui plus récent, du chevalier d'Assas !

. . . .

*
* *

Mais Abd-el-Kader voulait arriver à ses fins. — Sans se préoccuper davantage de la mort du capitaine Dutertre, il envoya un nouveau message aux Chasseurs réfugiés dans le marabout : le capitaine de Géraux opposa à ses propositions le refus le plus énergique.

L'Emir, irrité de ce nouveau refus, mais plus désireux encore d'obtenir sans coup férir la reddition de ces braves, fit écrire par l'adjudant Thomas, qui était au nombre des prisonniers, une lettre qui portait en substance « qu'il avait plusieurs Français en son pouvoir ; que si « les hommes du marabout mettaient bas les armes sans « opposer de résistance, tout le monde aurait la vie « sauve ; et que, dans le cas contraire, il ferait tout « massacrer. »

Le capitaine de Géraux lut cette lettre à ses soldats formés en cercle autour de lui. — C'étaient des hommes éprouvés, dignes des chefs qui les commandaient, et qui avaient au plus haut degré l'amour-propre du corps auquel ils appartenaient. — Ils partirent d'abord d'un immense éclat de rire, et puis, ils s'écrièrent à l'envi :

« Comment ! nos camarades du 8e bataillon et du 2e « Hussards sont morts en braves pour l'honneur de la « France ; et nous, carabiniers, compagnie d'élite du « même bataillon, nous nous rendrions comme des « lâches !... Allons donc ! Abd el-Kader veut se moquer

« de nous, mais il n'a qu'à venir : il trouvera à qui
« parler ! »

Enfin un quatrième message fut repoussé avec le plus
grand dédain.

A partir de ce moment, la fusillade recommença
autour du marabout et dura jusqu'au soir, avec des pertes
sensibles pour les arabes et seulement deux blessés pour
nous.

La nuit fut calme. Nos soldats en profitèrent pour
percer des espèces de créneaux dans le mur d'enceinte
qui les protégeait, et pour couper en plusieurs morceaux
les balles qui leur restaient, car il s'agissait déjà de
ménagerles munitions.

* * *

Le lendemain, 24 septembre, le combat reprit de plus
belle et dura toute la journée, presque sans interruption.
— C'est en vain que les arabes firent parler la poudre et
retentir leurs cris effroyables ; c'est en vain qu'ils ten-
tèrent de se jeter sur le mur d'enceinte, cherchant à
l'escalader. — Ils furent repoussés à coups de crosse et de
baïonnette et perdirent beaucoup de guerriers.

Quand la nuit survint, la mousqueterie cessa et les
nôtres purent prendre un peu de repos. Ils étaient brisés
de fatigue, comptaient trois blessés de plus, mais aucun
d'eux n'avait été tué.

* * *

Le jour suivant, 25 septembre, même attaque, même
défense ; seulement le feu cessa à 2 heures de l'après-midi.

L'Emir Abd-el-Kader, découragé par une résistance
aussi opiniâtre, qui faisait périr sans résultat un grand
nombre des siens, résolut de former le blocus de ce misé-
rable réduit et de prendre par la famine ceux qu'il n'avait
pu vaincre par les armes.

Cette mesure lui donnait le double avantage d'anni
hiler les défenseurs du marabout, et de pouvoir, en
même temps, parcourir le pays et surveiller de sa
personne les colonnes mobiles qui auraient pu venir à
leur secours.

En conséquence, il se retira avec le gros de ses
troupes et ne laissa autour du marabout que des colonnes
d'observation, avec recommandation expresse de n'engager
le feu qu'autant que les assiégés chercheraient à sortir
de leur mur d'enceinte, soit pour combattre, soit pour
s'échapper.

Cependant, la situation des nôtres devenait de plus en plus critique.

C'était le troisième jour qu'on luttait contre l'ennemi et déjà la faim et la soif se faisaient cruellement sentir. — Comme la colonne n'était partie de Nemours que pour un coup de main, et non pour faire expédition, on avait épuisé très vite, à peu de chose près, tout ce que contenait le convoi. — Aussi au moment que nous indiquons, il ne restait que très peu de vivres, et on était réduit, faute d'eau et de vin, à mélanger de l'urine avec de l'eau-de-vie et de l'absinthe, pour apaiser sa soif.

Le capitaine de Géraux, profitant de la cessation de l'attaque, réunit ses hommes pour leur faire part de la position désastreuse où l'on se trouvait, et on convint qu'on profiterait de la nuit pour évacuer ce poste, qu'il n'était plus possible de défendre, et où les attendait une mort inévitable.

Malheureusement les arabes ayant établi plusieurs feux à peu de distance les uns des autres, et veillant avec une extrême vigilance, il fallut renoncer à ce projet.

La nuit fut cruelle pour ces braves soldats, mais nous l'avons déjà dit, c'étaient des cœurs d'élite, inaccessibles à la peur et fermement résolus à mourir plutôt que de se rendre.

* * *

Le lendemain, 26 septembre, à la pointe du jour, le capitaine de Géraux réunit de nouveau ses hommes, et après leur avoir exposé qu'il n'y avait plus de vivres, et qu'il ne restait que très peu de cartouches, il ajouta : « la position n'est plus tenable. — Depuis trois jours « que nous combattons, aucune colonne expéditionnaire « n'a entendu la fusillade ; il ne faut donc plus compter « sur un secours. — Eh bien ! Il ne nous reste qu'une chose « à faire : c'est de sortir d'ici à l'improviste, de nous « précipiter sur l'ennemi, de profiter de son désordre « pour traverser sa ligne, et de nous diriger sur Nemours « en combattant jusqu'au dernier. »

Tout le monde approuve ce plan hardi, et aussitôt on se prépare pour le départ dans le plus grand silence. — Vers les 7 heures, tout étant prêt, nos intrépides Chasseurs sortent du marabout, s'élancent au pas de course sur le poste qui leur fait face et l'enlèvent à la baïonnette, bien qu'ils soient embarrassés dans leur marche par 7 blessés qu'ils emportent avec eux.

Enhardis par ce premier succès, ils se forment en

carré de tirailleurs, et prennent vivement la direction de Nemours, poursuivis par ceux qui les assiégeaient.

Ces derniers, surpris de tant d'audace, et peut-être aussi fatigués par les trois jours de siège, leur avaient laissé prendre une certaine avance, ce qui leur permit d'arriver vers les 8 heures du matin à peu de distance du village des Ouled-Ziri.

Là, les nôtres se trouvèrent arrêtés par un ravin qu'il fallait franchir pour continuer leur marche vers Nemours. — Le capitaine de Géraux, voulant leur procurer un peu de repos, leur ordonna de faire halte et de se former en carré.

Ils n'étaient plus qu'à une demi-heure de Nemours, et déjà ils concevaient l'espoir d'échapper à la poursuite dont ils étaient l'objet depuis leur départ du marabout, lorsque tout à-coup ils virent un nombre considérable d'arabes, armés de fusils, accourir du village des Ouled-Ziri et des lieux environnants, descendre dans le ravin pour leur couper la route et ouvrir sur eux un feu roulant et non interrompu.

Quelle situation terrible pour cette poignée de braves ! Devant eux, derrière eux, à droite, à gauche, partout, l'ennemi qui les canardait sans crainte de riposte, car ils venaient d'épuiser leurs dernières cartouches !

Dans cette extrémité, et dominant le bruit de la fusillade, on entend la voix forte, mais calme, du capitaine Géraux : « mes enfants, s'écrie-t-il, il n'y a « plus qu'un moyen de salut, un seul ! C'est de fondre « sur les arabes qui nous barrent le passage, la baïonnette « en avant ; de leur passer sur le corps, de remonter le « ravin du côté opposé et de gagner le plateau qui nous « ouvre directement la route sur Nemours. »

En peu de mots, le capitaine de Géraux leur explique la manœuvre à suivre. On s'encourage mutuellement ; — On se dit un dernier adieu et on se précipite dans le ravin comme une avalanche.

Après des efforts inouïs et des pertes sensibles, on arrive jusqu'au bas du ravin, où les quarante hommes qui, seuls, survivent encore, se reforment en carré. — On y voit encore debout l'héroïque capitaine de Géraux encourageant les siens, et, à ses côtés, le lieutenant Chappedeleine, le médecin Rosagutti et l'interprète militaire.

Alors au fond de cette espèce d'entonnoir, une lutte affreuse s'engage. — Notre petite troupe, enveloppée, pressée de toutes parts par cette masse compacte, qui tire sur elle à bout portant, cherche à se frayer un passage pour atteindre le plateau indiqué par le chef. — Elle frappe, frappe sans cesse, dans l'espoir de renverser cette muraille humaine. — La baïonnette et la crosse font rage ; — les morts s'amoncellent ; — le carnage est à son comble !

. . . .

*
* *

Pendant qu'avait lieu ce combat gigantesque de nos 40 Chasseurs contre cette fourmilière d'ennemis poussant des cris sauvages, la petite garnison de Nemours accourait au secours des nôtres. — Prévenue depuis deux jours du désastre survenu au Colonel de Montagnac, elle avait déjà fait deux sorties pour se mettre en communication avec les débris de sa colonne.

Malheureusement, trop faible en nombre pour s'aventurer au loin, elle avait dû revenir à son poste sans rien tenter pour leur salut.

Mais dans la matinée du 26 septembre, entendant la fusillade, plus rapprochée et plus distincte, elle essaya une nouvelle sortie. — Elle partit au pas de course et parvint jusqu'au plateau qui surplombait le ravin fatal.

A son arrivée, le massacre touchait à sa fin. — 14 des nôtres seulement avaient pu franchir le ravin et gagner le plateau sauveur. — Elle s'empressa de les recueillir et de les emmener avec elle, — en maintenant les arabes à distance par un feu bien nourri, — mais deux tombèrent morts en entrant dans Nemours, et cinq autres moururent quelques jours après des suites de leurs blessures.

En somme, *sept survivants*, parmi lesquels le brave, le vaillant caporal Lavaissière !....

Quant au capitaine de Géraux, à tous ses officiers et aux autres Chasseurs, ils avaient été tués dans le fond du ravin....

Ils avaient succombé, écrasés par le nombre, mais du moins avec la satisfaction suprême de ne laisser à leurs ennemis qu'une victoire sanglante, douloureuse et chèrement payée !...

En effet, les monceaux de cadavres, qui jonchaient le sol à côté d'eux, attestaient toute l'intrépidité, toute la fermeté d'âme qu'ils avaient déployées dans ce dernier combat !...

*
* *

Tels sont les principaux incidents de ces 4 jours de fatigues, de privations et de bataille.

Tels sont les braves auxquels on songe aujourd'hui à

élever un monument pour consacrer à jamais leur héroïsme et leur admirable dévouement.

Quel est le Français qui, sentant battre un cœur dans sa poitrine, refuserait son obole à une pareille œuvre !...

Mais il faut que cette œuvre soit grande comme les illustres morts que l'on veut honorer ; — il faut qu'elle reproduise les divers épisodes de ce drame émouvant ; — qu'elle groupe tous les héros de cette merveilleuse épopée ; — qu'elle accorde à chacun la part qui lui est due et qu'elle symbolise à la fois le sentiment de l'héroïsme et celui du sacrifice portés à leur dernière limite.

C'est pourquoi nous avons déjà écrit que le monument à élever, pour éterniser cette page sublime de notre histoire militaire, se trouvait naturellement indiqué :

« Au premier plan, le groupe des héros, composé, —
« sans omission aucune, — des officiers de tout grade,
« qui pendant les quatre jours de cette lutte à jamais
« mémorable, montrèrent le même dévouement, la même
« abnégation, et trouvèrent la même fin glorieuse sur le
« même champ de bataille.

« Au milieu de ces héros, le caporal Lavaissière, cet
« homme intrépide, qui, sous une grêle de balles, arbora
« résolument le drapeau de la France sur le sommet du
« marabout.

« Voilà pour l'*héroïsme* !

« Et puis, se détachant du groupe des héros, et domi-
« nant l'ensemble dans un rayonnement sans pareil, la
« figure calme et fièrement résignée du capitaine Dutertre,
« semblant nous dire à tous :

« *C'est ainsi que savent mourir les enfants de la*
« *France !*

« Voilà pour le *sacrifice* !

« Enfin, pour couronnement de l'œuvre, et tracée en
« lettres d'or cette belle inscription :

« *Gloria mortuis pro patriâ !* »

En suivant cette idée, c'est-à-dire en faisant *grand* et *majestueux*, — nous accomplirons un devoir sacré de reconnaissance et d'admiration, et nous aurons bien mérité de ceux qui viendront après nous.

*
* *

FIN du combat de Sidi-Brahim.

L.-E. COURSERANT.

Mostaganem', Avril 1890.

NOTES

de la Préface et du Combat de Sidi-Brahim

Sidi-Brahim

Sidi-Brahim, marabout situé à 15 kilomètres de Djemma-Ghazaouet, — (aujourd'hui Nemours, ville et port d'Algérie, près du Maroc), — célèbre par la défense héroïque de 400 français qui s'y firent massacrer plutôt que de se rendre dans les journées des 23, 24, 25 et 26 septembre 1845,

Dupleix

Dupleix (Joseph, marquis), Gouverneur des établissements français dans l'Inde de 1742 à 1754.

Homme de génie et doué d'une énergie et d'une activité peu communes, il essaya d'étendre la domination française sur tout l'Hindoustan. Il aurait peut-être réussi, mais il aurait fallu qu'on secondât ses efforts et qu'on lui envoyât des secours en hommes et en argent.

Malheureusement, on l'abandonna à ses propres ressources et il fût même rappelé et obligé de revenir en France pour répondre à d'odieuses et misérables accusations. Il y mourut dans la plus profonde détresse.

Les Anglais profitèrent de son départ pour reprendre à leur profit les immenses projets de ce grand homme, et aujourd'hui ils possèdent un vaste empire avec plus de deux cents millions de sujets, tandis que nous ne comptons plus dans l'Hindoustan que quelques établissements de peu d'importance, tels que Pondichéry, Chandernagor et Karikal.

Hindoustan

L'Hindoustan, ou la partie de l'Inde en deçà du Gange, est une grande presqu'île de l'Asie méridionale, qui a la forme d'un triangle dont la pointe est au Sud et la base au Nord. Le côté occidental est baigné par la mer des Indes et le côté oriental par le golfe de Bengale ; le Nord a pour limites les monts Himalaya. La population de cette vaste contrée dépasse, dit-on, deux cents millions d'habitants, et elle est en entier soumise à l'Angleterre.

Montcalm

Montcalm de St-Véran, (L.-Joseph, marquis de), Général français, fut chargé en 1756, de défendre les colonies françaises de l'Amérique du Nord ; mais on ne mit à sa disposition qu'une armée de cinq mille soldats pour combattre contre plus de quarante mille hommes expédiés d'Angleteterre, avec ordre de combiner tous leurs efforts pour nous enlever le Canada.

Malgré cette inégalité de forces, Montcalm, que ses soldats

idolâtraient à cause de son courage chevaleresque, obtint d'abord de grands avantages sur les généraux Anglais et remporta même une victoire signalée, près du lac Saint-Georges.

Pendant 3 ans, il lutta avec la plus grande énergie et rendit la fortune indécise, bien que privé de tout secours en hommes et en argent. Enfin, manquant de vivres et même de munitions, et se voyant honteusement abandonné par le Gouvernement Français, alors que l'Angleterre augmentait sans cesse le nombre de ses troupes pour triompher de sa résistance, il résolut de livrer un combat suprême et de mourir en combattant.

Les Anglais assiégeaient avec des forces considérables la ville de Québec, capitale de Canada. Il marcha contre eux avec quatre mille hommes seulement, et les attaqua avec une vigueur sans égale. Malheureusement, il fut blessé à mort dès le début de l'action.

La mort de ce vaillant héros nous fit perdre le Canada, mais elle lui acquit du moins une gloire immortelle. (1759.)

Le Canada

Le Canada, vaste contrée de l'Amérique du Nord.

Jacques Cartier, navigateur né à St-Malo, en prit possession au nom de François 1er en 1534 et l'appela *Nouvelle-France*. Une compagnie Française se forma pour exploiter la colonie qui prospéra entre ses mains jusqu'en 1754, époque à laquelle la guerre éclata entre la France et l'Angleterre. — Après de nombreux combats, dans le dernier desquels succomba l'intrépide général Montcalm, les Anglais finirent par s'emparer de tout le Canada en 1759 et 1760.

La France leur en fit la cession définitive en 1763 par le traité de Paris.

Québec

Québec, ancienne capitale de tout le Canada, aujourd'hui capitale du bas Canada. Fondée par les Français en 1608, elle fut prise par les Anglais en 1759, après la mort glorieuse du général Montcalm.

La Louisiane

La Louisiane, un des Etats-Unis de l'Amérique du Nord, comprenait dans le principe l'immense région qui s'étend au Nord de ce pays, et qui embrasse l'Etat de Missouri, les districts des Mandanes, des Sioux, des Osages et le territoire de l'Arkansas.

La France céda à l'Angleterre en 1763 la partie de la Louisiane située à l'est du Mississipi, et à l'Espagne la partie occidentale. Celle-ci fut rétrocédée à la France en 1800, mais notre Gouvernement, désespérant de la défendre contre les Anglais, la vendit aux Etats-Unis en 1803, moyennant 80 millions.

Tombouctou

Tombouctou, ville de l'Afrique intérieure, capitale de la

Nigritie centrale, située dans une vaste plaine, à peu de distance du Niger. Cette ville est le grand entrepôt commercial de l'intérieur de l'Afrique, et il y vient des caravanes de tous les points de l'Afrique septentrionale. On prétent que le célèbre voyageur français René Caillié est le premier Européen qui ait pénétré dans ses murs en 1828. Le royaume de Tombouctou s'étend sur les deux rives du Niger. On en ignore les limites.

Nigritie

La Nigritie proprement dite, appelée par les Arabes *Soudan*, renferme un nombre considérable d'états. — Le sol très fertile vers les rivières produit maïs, riz, coton, indigo, tabac, café, dattes et autres fruits, patates, ignames, mangouses, etc.

S'il faut en croire les récits du petit nombre de voyageurs qui l'ont visitée, on y rencontre une grandre quantité de poudre d'or, et même des mines d'or, principalement dans le royaume de Tombouctou.

Saint-Louis

Saint-Louis, ville de Sénégambie, chef-lieu des établissements français au Sénégal, dans une île de même nom formée par le Sénégal, grand fleuve d'Afrique, à 15 kilomètres de son embouchure.

C'est l'entrepôt du commerce de la colonie. Le commerce consiste surtout en gomme, en arachides, en poudre d'or, en cire et en dents d'éléphant.

Sénégambie

La Sénégambie est une contrée de l'Afrique occidentale qui tire son nom des fleuves *Sénégal* et *Gambie* qui l'arrosent.

Elle s'étend entre le Sahara et la Sierra-Léona sur 1,100 kilomètres de long et 650 de large environ.

C'est un pays excessivement chaud, mais très fertile.

Marcellus

Marcellus (M.-Claudius) célèbre général romain, fut cinq fois consul. Envoyé contre Annibal après la bataille de Cannes, il releva le courage des Romains, rétablit leurs affaires et remporta même deux avantages sur le général Carthaginois sous les murs de Nole, ville d'Italie, située près de Capoue.

Il le força encore à battre en retraite près de Canusium, aujourd'hui Canosa, autre ville d'Italie, et continua à le harceler sans relâche ; mais Annibal étant parvenu à le faire tomber dans une embuscade, Marcellus y trouva la mort après s'être vaillamment défendu.

On l'avait surnommé *l'épée de Rome*.

Annibal

Annibal, le plus célèbre des généraux Carthaginois, était fils d'Amilcar Barca, qui joua un grand rôle dans la 1re guerre punique.

Son père lui avait fait jurer dans son enfance une haine implacable aux Romains.

Nommé à 25 ans général en chef de l'armée Carthaginoise, qui occupait le midi de l'Espagne, il ralluma la guerre avec les Romains en s'emparant au milieu de la paix de la ville de Sagonte, alliée de Rome, malgré l'héroïque résistance des habitants qui se brûlèrent plutôt que de se rendre.

Après la prise de Sagonte, Annibal remonta l'Espagne à la tête d'une nombreuse armée composée en grande partie de mercenaires, traversa les Gaules depuis les Pyrénées jusqu'au Rhône, franchit ce fleuve ainsi que les Alpes et envahit l'Italie.

Il remporta successivement les trois grandes victoires du Tésin, de la Trébia et du lac Trasimène ; et après avoir été retardé quelque temps dans sa marche rapide par la sage temporisation du Consul Fabius, il battit complètement les Romains à la bataille de Cannes, où il leur tua plus de 50,000 hommes.

Des historiens prétendent que si après cette magnifique victoire, il avait marché sur Rome, il se serait facilement rendu maître de cette ville. D'autres soutiennent une opinion contraire et parmi ces derniers, Montesquieu dans son ouvrage sur les *causes de la grandeur et de la décadence des Romains.*

Quoiqu'il en soit, Annibal, bien qu'il ne pût obtenir ni argent, ni renforts de sa patrie, parvint à se maintenir par la seule force de son génie pendant *quatorze années* en Italie, et ne quitta cette contrée que lorsqu'il fut rappelé pour aller défendre Carthage que menaçait Scipion avec une armée romaine débarquée en Afrique.

A peine arrivé, il livra bataille dans la plaine de Zama, mais il fut vaincu et obligé de s'exiler. Ce grand homme se réfugia chez Antiochus, roi de Syrie, puis chez Prusias, roi de Bythinie, où il s'empoisonna pour ne pas tomber vivant entre les mains de ses ennemis.

Régulus

Régulus (M.-Attilius) célèbre général romain, mais connu surtout par son dévouement sublime.

Dans son 2ᵉ consulat, il battit les Carthaginois en Sicile, puis en Afrique près d'Adis et les obligea à demander la paix. Pendant qu'on en discutait les conditions, Xanthippe, général lacédémonien à la solde de Carthage, prit le commandement des auxiliaires Carthaginois, attaqua Régulus, le vainquit sous les murs de Tunes, aujourd'hui Tunis, et le fit prisonnier.

Les Carthaginois lui donnèrent a liberté sur parole et l'envoyèrent à Rome pour proposer l'échange des captifs ; mais au lieu d'appuyer cette mesure, qu'il croyait contraire aux intérêts de sa patrie, lui prisonnier, ne prit la parole dans le Sénat que pour en détourner ses concitoyens et parvint à faire rejeter leurs propositions.

Ce résultat obtenu, et malgré les supplications du peuple et du Sénat, malgré les prières de sa femme et de ses enfants en larmes, lui faisant entrevoir la mort qui l'attendait, il ne craignit pas de revenir à Carthage et de se remettre entre les mains de ses ennemis.

Ceux-ci, d'après l'histoire, le firent périr au milieu des supplices les plus affreux. On prétend qu'après lui avoir coupé les paupières, et l'avoir exposé dans cet état aux ardeurs du soleil, on l'aurait enfermé nu dans un tonneau rempli de clous et fait rouler ensuite du haut d'une montagne.

D'Assas

Assas (Nicolas, chevalier d'), capitaine français au régiment d'Auvergne, périt victime d'un dévouement sublime, le 15 octobre 1760, à *Klostercamp*, village des états prussiens, près de Rheinberg.

En faisant une reconnaissance de nuit, il tomba au milieu d'une colonne ennemie qui s'avançait en silence, à la faveur des ténèbres, pour surprendre notre camp.

d'Assas est saisi, entouré et menacé de mort s'il pousse un seul cri pour donner l'éveil aux sentinelles françaises. — Lui, sans hésiter, recueille toutes ses forces et crie d'une voix retentissante : « *A moi Auvergne ! ce sont les ennemis !*

Il tombe aussitôt percé de coups ; mais sa mort a été utile à la France : il vient de sauver l'armée.

Une statue lui a été érigée au Vigan, sa ville natale, en souvenir de cette grande action qui a transmis son nom à la postérité, et l'a rendu immortel.

Klostercamp

Klostercamp, village des Etats prussiens, est célèbre par la victoire que les Français, commandés par le comte de Castries, y remportèrent sur les Hanovriens le 16 octobre 1760.

C'est dans la nuit même qui précéda cette bataille que le chevalier d'Assas périt victime de son admirable dévouement.

FIN DES NOTES

L.-E. COURSERANT

Mostaganem, Avril 1890.